ANGLONETWORK:

COMMENT REALISER SES REVES AVEC L'ANGLAIS AMERICAIN

Yara LOUA

REMERCIEMENTS

Premièrement et avant tout, j'aimerais remercier le Bon Dieu pour ses bienfaits dans ma vie. Ensuite, je voudrais remercier ma ravissante épouse Nikki pour son soutien, les familles Loua et Zouandé pour leurs bénédictions, tous les coachs d'Anglonetwork pour leur professionnalisme. Sans oublier les anglonets ou membres d'Anglonetwork pour leur confiance et toutes les personnes qui de près ou de loin m'ont aidé à la réalisation de cet ouvrage.

OBJECTIF

Mon objectif est de propager le message de la langue et de l'indépendance financière à travers le globe. C'est une façon pour moi d'être reconnaissant et de partager avec vous les bienfaits que l'anglais a fait dans ma vie.

Après avoir obtenu au Ghana un diplôme universitaire en banque et finance, je n'arrivais pas à trouver un emploi dans le secteur bancaire. J'ai eu à postuler dans plus de 20 institutions financières au Ghana comme en Côte d'ivoire; aucune de ses entreprises ne m'a fait appel.
Je suis resté au chômage pendant deux ans. Ne pouvant plus supporter le fait de rester à la maison sans rien faire, il m'a fallu avoir recours à mes connaissances en anglais pour pouvoir décrocher mon premier boulot comme formateur d'anglais dans une organisation américaine à Abidjan.
Au fil du temps, je me suis perfectionné dans ma nouvelle carrière de formateur d'anglais et par la suite

démissionné pour créer ma propre entreprise de formation en anglais. J'ai eu à enseigner l'anglais dans plusieurs pays de l'Afrique de l'ouest et aussi eu la possibilité de travailler avec plusieurs entreprises comme formateur, traducteur, et interprète. Aujourd'hui grâce à l'anglais, j'ai pu parcourir le monde entier et réaliser mon rêve d'enfance qui a toujours été de vivre un jour aux États-Unis d'Amérique. Je vais partager avec vous mon secret dans cet ouvrage.

L'AUTEUR

Je suis Yara LOUA, ou « Olive » ou « Lyop » pour les habitués. Je suis marié et américain d'origine ivoirienne vivant présentement dans l'état du Tennessee. Je suis de la génération de « *ceux qui pensent que chacun de nous a le droit de vivre et réaliser ses rêves* ». Nous vivons dans un grand monde et chacun de nous est capable avec un peu de volonté de s'offrir une place au soleil. Je suis un enfant de Yopougon, j'ai connu également la galère, mais cela ne pas empêcher de réaliser mes rêves. Tout est possible, quand tu y crois!

A NOS LECTEURS

Merci d'avoir acheté ce livre! Soyez fiers de vous pour cet investissement. Si vous avez des commentaires ou suggestions, envoyez-nous un email à   support@anglonetwork.com .

Avec Anglonetwork, nous marquons la différence. Les hommes et femmes qui travaillent durs ne devraient tout simplement pas être obligés de négocier leur temps pour de l'argent. Anglonetwork a été fondé sur la philosophie que les gens devraient être en mesure de mettre leur famille en premier sur leur liste de priorité, pas en dernier. Telle est la philosophie qui nous guide tous les jours.

Nous vous remercions de votre intérêt à intégrer notre équipe Anglonetwork et passer du temps avec nous. Anglonetwork est fiers de vous offrir une occasion unique de vous lancer dans un business pour vous-même et vous donner le véhicule et la souplesse nécessaire pour faire beaucoup d'argent et passer plus de temps avec votre famille et vos amis!

Il y'a des milliers d'hommes et de femmes, tout comme vous, de tous les horizons de la vie – que ce soit des mères de famille ou femmes au foyer, des chefs d'entreprise, des travailleurs, des étudiants ou des diplômés qui sont fatigués de leur situation financière - qui ont tous décidé de changer leur vie en choisissant la voie de l'indépendance financière avec Anglonetwork; Pourquoi pas vous?

TABLE DES MATIERES

1. Introduction

Beaucoup sont ceux qui rêvent de vivre un jour aux États-Unis d'Amérique. L'Amérique est le seul pays qui donne la chance à tout le monde, que tu sois riche ou pauvre, blanc ou noir, musulman ou chrétien, quelque soit ce que tu es, la possibilité de réaliser tes rêves. Nous sommes dans le pays de l'oncle Sam, le pays des grandes opportunités, le pays où les droits des enfants et des femmes sont respectés, le pays où l'enfant de pauvre peut devenir millionnaire en un rien de temps. C'est un pays de rêve !

Certes c'est un pays de rêve, mais le rêve américain est uniquement réservé à ceux qui sont prêts à se battre pour le réaliser. Vous n'allez pas me croire, mais la vie n'est pas si rose comme on le pense. Très peu sont ceux qui arrivent à réaliser ce rêve. Avant de gagner le dollar américain, tu vas travailler dur comme cailloux.

Mon objectif n'est pas de vous effrayer mais de vous parler des réalités de la vie d'aujourd'hui. Que tu vives en Afrique ou aux États-Unis, d'une façon ou d'une autre tu es victime de cette crise économique. Nul n'est épargné des conséquences de cette crise. Nous voulons vous faire savoir que la réussite n'a rien à avoir avec l'environnement où tu vis. Peut-être que l'environnement peux te faciliter les choses mais n'est pas la solution sine qua non pour réussir. Tu peux rester en Afrique et réussir, comme tu peux vivre en Amérique et échoué, vice versa. Tout dépendra de la façon tu penses ou vois les choses.

Si aujourd'hui rien n'avance dans ta vie, tu ne peux que te blâmer toi-même. Ce n'est pas la faute du gouvernement qui ne peut malheureusement pas embaucher tout le monde, non plus celle de ton patron qui refuse d'augmenter ton salaire, ni de tes parents parce qu'ils sont pauvres. Comme le disais Bill Gate, le géant de Microsoft : « *Si tu es né pauvre ce n'est pas de ta faute mais si tu meurs pauvre c'est de ta faute* ».

Cependant si tu ne trouves pas d'opportunités pour sortir de ta galère, toi-même soit l'auteur d'opportunité. Utilise ton « *mind* » comme les américains le disent pour créer une opportunité que les autres vont bénéficier et te voilà millionnaire. N'attend personne pour pouvoir démarrer, car c'est ton rêve à toi. Personne ne viendra réaliser ce rêve pour toi. Tu vas devoir te battre pour le réaliser.

Anglonetwork veut t'ouvrir les yeux et te permettre de réaliser ton rêve avec l'anglais américain. Ta connaissance de l'anglais va t'ouvrir les portes du succès. Toi seul est capable de changer le cours de ta vie si tu es prêt à changer ta manière de penser, et penser comme ceux qui ont réussi dans leur vie et non écouter ceux qui n'ont rien réalisé dans leur vie et qui avec leurs bouches sucrées passent tout leur temps à te décourager dès que tu décides d'entreprendre quelques choses de nouveau. Nous appelons ses personnes les « *Dreams Killers* ». Ils sont partout dans ton entourage comme à la maison. Ne fais pas attention à eux et avance dans la réalisation de ton rêve.

2. Les réalités de la vie aux États-Unis

On a tous entendu parler du rêve américain à travers les séries télé, les films, les documentaires, etc. mais jamais entendu parler du rêve ivoirien, européen, africain, et j'en passe. Il y'a donc un seul rêve, celui du rêve américain ou American Dream. Mais la question est de savoir : Existe-t-il encore un aujourd'hui ?

Beaucoup d'africains qui arrivent aux États-Unis pour la première fois ont tous le sourire aux lèvres depuis l'aéroport jusqu'à leur destination finale. On a à l'esprit cette pensée de l'Amérique des films où tout est beau. On commence à rendre gloire à Dieu parce qu'on se dit « *on va gagner beaucoup d'argent et pouvoir aider la famille restée au pays* ». Tu es fier de toi parce que tu es arrivé en Amérique. Tu es même pressé de poster des images sur Facebook. Tout le monde doit savoir que tu es arrivé en Amérique. Et soudainement tout change et tu commences à comprendre les réalités du pays.

Tu es devenu rare sur Facebook, tes amis qui sont restés au pays se plaignent de toi : « *Depuis que tu es arrivé en Amérique, tu nous as oublié, tu ne nous appelle même plus* ».

Beaucoup sont ceux qui ont presque tout abandonné pour se rendre aux USA espérant avoir mieux. Certains occupaient des postes de direction dans de bonnes entreprises en Afrique ; voiture et maison de fonction à leur disposition, salaire décent de cadre mais se retrouvent ici en tant que travailleurs de boulangerie, plongeurs dans les restaurants, techniciens de surface, portiers dans les hôtels, et j'en passe… tout ce que tu peux imaginer comme petits boulots qui en temps normal tu refuserais de le faire dans ton propre pays mais tu viens le faire ici. On appelle ces petits boulots « *djossi* ». Les djossis sont des petits boulots où tu peux gagner $7.5 à $20 l'heure dépendant de la ville où tu travailles. Plus la ville est grande plus le salaire minimum est élevé. Ce qui entraine aussi la cherté de la vie.

Il y'a un proverbe allemand qui dit « *Tout début est difficile mais sans début pas de fin* ». Quand tu arrives ici tu dois reprendre tout à zéro. Les diplômes que tu as obtenus en Afrique ne pourront te servir uniquement si tu décides de retourner à l'école. Dans ce cas on peut les évaluer et trouver son équivalent dans le système éducatif américain. Il est rare de pouvoir travailler ici avec les diplômes obtenus hors des États-Unis à moins que tu sois dans le domaine de l'informatique, des langues étrangères ou des sciences. En ce qui concerne les boulots décents, la majorité des entreprises américaines donneront plus la priorité aux citoyens américains, aux diplômés des universités américaines, et après aux résidents permanents. Seules les entreprises de vente directe ou l'armée et ses autres branches te donnent la possibilité de mettre en valeur tes diplômes obtenus hors des USA.

Cependant si tu n'as aucune notion de l'anglais tu es mal barré. Sans anglais tu ne pourras pas avoir de boulots décents. Pire encore, si tu n'as pas de permit de travail, là c'est la catastrophe! car tu ne pourras travailler uniquement dans le « *noir*» pour 12 un salaire de $5 l'heure si tu as de la chance.

Depuis les attentats du 11 septembre 2001, l'Amérique est devenu très dur pour les étrangers. Il est maintenant difficile de travailler sans numéro de sécurité social ou permit de travail. Peu sont les entreprises qui souhaiteront prendre le risque d'embaucher un sans papier.

Pour espérer être parmi les américains moyens et toucher un salaire de $50.000 l'année tu dois obligatoirement avoir un diplôme américain (college degree). Les diplômes américains sont privilégiés au détriment des diplômes étrangers. Et le système est conçu sciemment, car les études supérieures représentent un gros business ici. Les études universitaires coutent très chère ici. Il est difficile pour un enfant de pauvre de payer ses cours à l'université. Beaucoup sont ceux qui financent leurs études universitaires grâce aux bourses d'études et aux prêts scolaires. C'est la raison pour laquelle, beaucoup de parents américains encouragent leurs enfants à rejoindre les forces militaires juste après leur baccalauréat. Une fois dans l'armée, le gouvernent américain prend en charge tes études supérieures.

Si tu as eu la chance d'obtenir un diplôme américain à l'aide d'un prêt scolaire. Sache que tu vas commencer à payer ce prêt une fois que tu trouves du boulot. Et beaucoup sont ceux qui passeront la moitié de leur carrière en train de rembourser cet argent. Plus tu avances dans les études universitaires plus le montant de ton prêt est élevé. Les prêts scolaire peuvent aller de $10.000 à $60.000 en moyenne.

Cependant pour ceux qui ne veulent pas aller à l'université, ils sont obligés de se contenter de djossis ou petits boulots jusqu'à ce qu'ils trouvent une issue de secours. Djossi ici n'a rien à avoir avec travail d'Abidjan. Les gens bossent dur ici comme des machines. L'américain ne rigole pas avec le boulot. Les patrons n'hésiteront pas à te mettre à la porte si tu ne fais pas le boulot correctement; On s'en fou ici si tu as tes factures à payer ou non. Il n'y'a pas de sentiment ici.

Quand tu reviens du djossi tu es tellement fatigué que tu oublis de manger. Tu dors un tout petit peu et tu repars dans ton deuxième djossi. La routine va continuer jusqu'à ce que tu passes 10 ans dans le pays et tu réalises que tu es toujours à la case départ.

Les gens que tu as laissé en Afrique, se sont mariées, ont construit des maisons, ont acheté des voitures, pour couper cours, ont réussi! Le stress de 2 ou 3 boulots commence à te ronger. Tu prends de l'âge et la fatigue se ressent dans tes yeux car tu manques de sommeil et d'activités sportives. Quand tu imagines que tu as laissé un bon boulot en Afrique pour venir te jeter dans l'aventure. Tu regrettes ton acte. Mais c'est déjà trop tard! tu ne peux plus retourner en Afrique. Tu es déjà dans l'eau, donc tu es obligé de nager.

Pour quelqu'un qui a un seul djossi, il est difficile de joindre les deux bouts. Je prends l'exemple d'une petite ville américaine dans l'état du Tennessee dans le Sud des Etats-Unis, où le salaire minimum est de $7.25 l'heure. Supposons que tu travailles 8 heures par jour du lundi au vendredi, cela te donne un total de $290 [($7.25 x 8hr) x 5jours] la semaine soit un salaire mensuel de $1160.

Estimons tes dépenses mensuelles:

Loyer (1 chambre + salon)	$500
Nourriture ($15 par jour)	$450
Transport (bus, métro)	$120
Electricité, Eau, Téléphone	$150
Divers (loisir, vêtements, etc.)	$300
Total	**$1520**

Comme on peut le constater avec les différents chiffres, il est très difficile de vivre aux USA avec un seul djossi. Si ton djossi te rapporte $1160 le mois et que tu dépenses $1520 le mois. Il faut trouver $360 de plus pour combler la différence. Voilà ce qui explique le fait d'avoir 2 ou 3 boulots pour joindre les deux bouts.

Cependant, si tu es marié, il faut doubler tes charges. Il te faudra trouver une maison plus grande, tes factures vont également se multiplier. Si jamais tu as des enfants, il ne faudra pas oublier les frais de garderie d'enfant ou « *Child day care* » qui sont en moyenne $1000 par mois par enfant. Donc du coup les gens travaillent dur pour ne payer que leurs factures. Vous devez comprendre maintenant pourquoi il est difficile de joindre au téléphone une connaissance ou un parent aux USA. Il est soit au travail en train de faire des heures supplémentaires, ou à son second djossi ou bien carrément en train de se reposer un peu avant de repartir au boulot.

La vie n'est pas si facile ici comme le croit. Les réalités sont beaucoup différentes de celle de l'Afrique. Il y'a certes beaucoup de boulots ici comparé à l'Afrique mais les conditions de travail sont beaucoup difficiles. Celui qui te dit qu'il aime son boulot aux Etats-Unis est en train de te mentir. Les gens font du « *bêlla job* » ici. Beaucoup te diront qu'ils occupent de bons postes ici mais en réalité c'est le contraire.

Comme le disait mon parrain : « *Petit, voici réalités de pays-là ! Quand tu vas en Afrique, tu dois « représenter ». Tu dois faire savoir aux gens que tu viens des États-Unis. C'est la seule façon pour toi de te sentir important et être heureux des efforts que tu fournis chaque jour dans ce pays. Au moins on nous considère là-bas et on nous traite bien parce qu'on vient des États-Unis. Ne dis jamais ce que tu fais comme travail en Amérique...* » Fin de citation.

Ce que beaucoup ignorent c'est l'argent de plusieurs heures de djossi que nos frères africains viennent dépenser quand ils visitent l'Afrique. Une fois de retour, ils reprennent encore à zéro à économiser de l'argent pour leurs prochaines vacances.

3. Les réalités de la vie en Afrique

«Afrique mon Afrique, Afrique des fiers guerriers.. » du célèbre poète David Diop est aujourd'hui en retard 99% à cause de sa mentalité. L'Afrique a tout ce dont elle a besoin pour réussir pourtant compte plus de pays pauvres. Une partie de sa population ne fait que s'enrichit et la grande partie continue de s'appauvrir. Le gouvernement dans les pays africains représente le plus grand employeur, malheureusement ne peut embaucher tout le monde. Beaucoup de corruption pour accéder à la fonction publique. Il faut parfois dépenser des millions de franc CFA pour espérer avoir une place.

Peu sont les entreprises africaines qui arrivent à s'en sortir par manque de gros marchés. Si tu n'as aucun parent dans le gouvernement ou aucune connaissance, ne compte pas sur quelqu'un pour avoir un marché pour ta petite entreprise. L'africain refuse de consommer du « made in Africa » et préfère acheter des produits et services ailleurs. Du coup les PMEs locales se meurent. En plus, toutes les entreprises étrangères ont pratiquement le monopole au détriment des entreprises locales. Nos gouvernants préfèrent donnés aux entreprises étrangères tous les contrats au détriment des PMEs locales.

Sans compter la jeunesse africaine qui se trouve avec de grands diplômes sans pouvoir obtenir un emploi. Tu vas trouver beaucoup de ses jeunes vivant encore sous le toit de leurs parents retraités. C'est en Afrique tu vas voir quelqu'un qui a presque 40 ans vivant encore sous le toit de ses parents avec souvent des enfants de mères ou pères différents. Où nous allons comme ça. La situation est devenue catastrophique !

Aujourd'hui pour avoir un stage dans une entreprise c'est tout un problème, car il est difficile de trouver du travail une fois tu sors de l'école. Tu es donc livré à toi-même. On ne peut pas t'embaucher sous prétexte que tu n'as pas d'expériences. Cependant les gens oublient qu'il faut commencer quelque part pour avoir de l'expérience. Si tu as la chance de trouver un stage, là encore ce n'est pas sûr d'obtenir un salaire. Même le transport pour venir au travail, certaines entreprises refusent de te payer cela. Tu commences ton stage et au lieu de te former et t'encadrer sur ton boulot, on préfère t'utiliser à d'autres fins. Si ce n'est pas pour aller faire photocopie, c'est pour acheter banane braisée ou si tu as la chance on t'envoie acheter des journaux.

Je me souviens d'un ami qui avait obtenu un stage dans un cabinet comptable aux deux plateaux et on le payait 50.000FCFA par mois. Ce dernier vivait à Yopougon et était marié. En tout cas quand il m'a dit cela, je lui ai demandé comment il pouvait s'en sortir avec cela. Surtout si tu dois payer le transport chaque fois pour aller au travail, payer ton loyer et nourrir ta famille. Ce n'est pas chose facile!

Combien de talents qui se meurent en Afrique. J'avais beaucoup d'estime pour un cousin qui dans le temps était très brillant à l'école. Mais malheureusement ce dernier est devenu alcoolique. Du 1er au 31 tous les bars et maquis sont remplis, on dit qu'il n'y a pas d'argent mais tu verras toujours les gens dans les maquis. Je sais que les temps sont durs mais ce n'est pas en te saoulant la gueule que tu vas résoudre tes problèmes.

Si ce n'est pas les bars, c'est le phénomène du « *broutage* ». Beaucoup de nos jeunes sont devenus des escrocs sur internet. Je me souviens d'un ami de classe qui m'envoie un message sur Facebook pour essayer de m'arnaquer. Il me demande de télécharger un logiciel western union et de faire entrer mes données bancaires et la somme de $3000 pour voir si son logiciel marche. Je me dis mais ce type là il me prend pour qui ? Il n'a pas cherché loin, C'est sur moi il veut faire son broutage là.

L'enfant de pauvre à 90% de chance de suivre le même parcours que ses parents. Rare sont les enfants de pauvres qui arrivent à se faire une place au soleil. La seule façon pour l'enfant de pauvre pour réussir en Afrique est de travailler dur à l'école pour espérer être parmi les meilleurs afin d'obtenir une bourse d'étude étrangère pour sortir de la galère africaine. Autre moyen qu'il peut utiliser est de se lancer dans une carrière musicale ou sportive. D'autres carrément préfèrent faire de la politique, et là encore cela va dépendre de tes compétences en communication et aussi si ton parti est au pouvoir.

Nos parents travailleurs là encore, c'est un autre problème. Le salaire ne suffit plus, il est difficile d'épargner aujourd'hui. Les gens vivent au jour le jour. Après avoir dépensé beaucoup de sous pour scolariser leurs enfants, ces derniers n'arrivent pas à avoir du boulot pour leur venir en aide. Plus de 80% de jeunes africains de 25 ans vivent encore chez leurs parents. Ces jeunes ont au moins le BTS ou une licence mais ne sont pas capable d'avoir un boulot. Tu les verras la plupart du temps devant la télé ou bien dans les bars. Les parents ne savent plus quoi faire ? Ceux qui ont un peu d'argent ne savent rien du monde des affaires. Je me souviens d'un ancien client qui me disait qu'il a un million de franc CFA et cherchait une activité où investir. Beaucoup savent qu'après 30 ans de services ils vont se retrouver à la case départ. Une fois à la retraite, tu ne pourras toucher que 40% de ton salaire mensuel jusqu'à ta mort. Qu'est ce que 40% de ton salaire peut faire avec toutes tes factures à payer.

Les riches envoient tous leurs enfants à l'étranger pour étudier. Une fois à la retraite, ils positionnent leurs enfants à leurs places dans les différents postes qu'ils occupaient comme si c'était leur plantation de café. Ce qui rend difficile aux enfants de pauvres de se trouver des postes de responsabilité dans les entreprises. Cependant il est nécessaire de développer une compétence unique afin de se démarquer de la masse. C'est en effet le constat que j'ai fait avec les enfants de pauvres qui ont pu s'offrir une place au soleil. Ceux qui dès le début, ont su se lancer dans l'entrepreneuriat, ont eu la chance de démontrer leurs compétences dans un domaine bien précis et se faire embaucher par la suite par leurs clients. Ils ont eu à se perfectionner dans un domaine bien précis de sortes qu'on ne puisse s'en passer d'eux. La plupart réussissent à s'intégrer dans de grandes entreprises. Cela a été le cas d'un amis que j'ai rencontré au Ghana, une fois de retour en Côte d'ivoire il a monté sa structure d'énergie solaire et par la suite s'est fait débaucher par une grande entreprise et est devenu directeur technique dans cette entreprise.

4. Le phénomène des Dreams Killers

Avant de démarrer toute entreprise, Il faut savoir dans un premier temps pourquoi tu veux t'y lancer. Car si tu n'as pas de réponse à cela tu ne pourras pas démarrer.

Le jour tu décides de prendre ta vie en charge, c'est ce jour que tu vas attirer les choses et les personnes qui t'aideront à atteindre cet objectif. Pour y arriver il te faudra être affamé et déterminé afin de faire face aux nombreux challenges que tu rencontreras sur ton chemin.

Sans raison valable, il te sera difficile de réaliser ton rêve. Tu as besoin d'être mentalement prêt. Car beaucoup de personnes vont te décourager dans l'accomplissement de ce rêve-là. Plus pire encore, certains de ses personnes viendront souvent de tes proches.

Si aujourd'hui tu te trouves dans la situation où tu es, c'est entièrement de ta faute. Nous vivons dans un monde pessimiste où les gens pensent beaucoup négativement. On prend du plaisir à voir notre prochain souffrir. Tu verras des gens ici qui te diront : « *Petit ça fait 20 ans que je suis aux États-Unis, toi tu es arrivé hier là qu'est-ce que tu peux me montrer que je n'ai pas encore vu.* » .

Tu trouveras aussi d'autres qui n'ont jamais rien réalisé dans leur vie ; mais qui seront les premiers à te donner des conseils et te dire ce que tu veux faire là, ça ne peut pas marcher ici. J'ai décidé d'appeler ces derniers les « Dreams killers ». Un dream killer dans sa tête : « S*i je ne peux pas réaliser mon rêve, toi aussi tu ne pourras pas* *réaliser le tien.* ». Il prend son expérience comme une généralité. On les trouve presque partout dans notre entourage, même tu peux en trouver parmi tes proches.

C'est malheureusement dans cet environnement que nous vivons tous. Nos mentalités sont 99% la cause de notre échec dans la vie. Pour réussir dans la vie, il faut être têtu. Si tu n'es pas assez têtu tu ne pourras pas aller loin.

Quand tu te trouves en face d'un dream killer ne lui parle jamais de ton rêve ou bien de ce que tu veux accomplir sinon je te promets il ou elle va te décourager. Pour mieux négocier avec un dream killer, tu dois être beaucoup stratégique. Quand il/elle te pose des questions sur ce que tu fais ne lui donne pas tous les détails de ce que tu veux faire, dis-lui simplement que c'est juste un petit truc que tu fais et que cela n'est vraiment pas important et change de sujet. Quand il te donne son avis sur quelque chose, fait le savoir qu'il/elle a raison et que tu as compris. Quand tu te trouves tout seul, fait le contraire. Je t'assure si tu sais comment te prendre avec un dream killer tu pourras très rapidement avancer dans l'accomplissement de tes objectifs.

Je me souviens d'un jeune ivoirien qui voulait entrer dans l'armée américaine et qui a approché le mari de sa tutrice pour lui parler de son intention d'être militaire. Mais je t'assure que ce dernier lui a dit carrément non. Il lui a dit : « *Petit, tu veux aller mourir. Moi qui pensait que tu voulais aller à l'école pour devenir quelqu'un dans ce pays, c'est militaire tu veux devenir.* » .

En réalité, ce que beaucoup de gens ignorent le taux de mortalité dû à la criminalité dans beaucoup de grandes villes américaines est plus élevé que les militaires américains qui meurent sur le champ de bataille. Donc tu peux rester dans ta ville et recevoir une balle perdue ou bien te faire agresser.

De plus, rare sont les africains qui arrivent à terminer leurs études aux USA. Car le temps que tu prends pour aller à l'école ne te rapporte pas assez d'argent pour payer tes factures. Comment tu fais donc pour payer ton loyer, la nourriture et tes autres factures ? Tu ne vas pas passer tout ton temps chez ton tuteur. De la manière, ton tuteur va chercher l'argent pour nourrir sa famille. Un jour viendra où il te demandera de contribuer. Donc si tu ne cherches pas à trouver solution à ton problème. Un jour viendra où tu seras livré à toi-même. Aucun tuteur n'acceptera de te laisser partir à l'école chez lui pendant qu'il va dehors pour se chercher. Ceux des nouveaux immigrants qui arrivent à combiner djossi et école sont très rares aux USA.

Pour revenir à notre jeune ivoirien, ce dernier a pu aujourd'hui rejoindre les forces militaires, a obtenu sa nationalité américaine, s'est marié et a pu se stabiliser financièrement en moins d'un an. Son oncle qui lui donnait les conseils a même changé de paroles : « *Petit, tu es devenu grand quelqu'un. Je suis fier de toi.* »

Pour vous dire que si vous êtes déterminé à réaliser vos objectifs ne faite pas attention aux opinions des gens. Partez toujours à la source de l'information, écoutez plus ceux qui ont pu réussir dans ce que vous comptez entreprendre plutôt d'écouter les dreams killers qui ne si connaissent en rien. Car ils seront les mêmes qui viendront vers toi pour te dire : « *je t'avais dit que tu allais réussir oh !* » Beaucoup de dream killers ne connaissent pas la honte. En tout cas, moi je les adore, car ils me donnent la force de toujours leur prouver le contraire.

5. Sur le chemin de l'entrepreneuriat

Nous vivons tous sur la même planète terre, pourtant certains vivent leur vie en couleurs et d'autres en blanc et noir. Il doit y avoir un secret. Quel est donc ce secret ? J'ai pu découvrir ce secret grâce à des documents et livres écrit en anglais.

La définition que j'ai pu retenir de l'entrepreneur est celui-là même qui gagne son argent pendant qu'il dort, il met en place un système plus grand que lui de sorte qu'il gagne son argent sans même être présent. Je vais partager avec vous mon expérience.

J'ai quitté mes parents pour la première fois quand j'ai eu mes 19 ans pour aller continuer mes études supérieures au Ghana. Quand j'étais au Ghana j'ai appris beaucoup sur l'entrepreneuriat. La majorité de mes amis de classe avaient tous un métier. Mon ami Shelter était électricien et avait un petit atelier. Il arrivait à payer ses cours à l'université grâce à son métier; pareil pour mon ami Kweku qui était lui photographe. Cela m'a beaucoup impressionné. De temps en temps, je vendais aussi des logiciels de langues aux francophones qui venaient apprendre l'anglais au Ghana pour arrondir mes fins de mois. Je me souviens de certains amis qui se moquaient de moi en me traitant de Koffi Gombo. Koffi Gombo est la caricature d'un businessman ivoirien se voulant impitoyable et sans scrupule ayant pour devise « *no pitié in business* ». Mais je savais au fond du cœur ce que je faisais.

En tant qu'étudiant, je ne recevais pas assez d'argent de poche du fait du coût élevé de mes études supérieures. Mais je ne pouvais blâmer personne. Je ne suis pas le seul enfant de ma famille, j'ai un frère et deux sœurs qui ont tous besoin du soutien financier de ma famille. Et pour cela je suis très reconnaissant envers ma famille de m'avoir permis de continuer les études à l'étranger. Dans le temps, il fallait en moyenne avoir $100 ou environ 50.000FCFA par mois comme argent de poche pour un étudiant étranger. Mais je recevais 25.000FCFA par mois. Et cela variait chaque fin de mois. Je pouvais souvent avoir 15.000FCFA, 5.000FCFA ou carrément rien. Avec un peu de chance mon argent de poche arrivait après deux semaines. Donc il me fallait trouver une activité qui me rapportait un peu plus d'argent pour acheter mes livres et assurer mon transport.

Je me souviens qu'avant de venir au Ghana, je n'étais pas un fan de livres. Il était très difficile pour moi de lire un bouquin, à plus forte raison finir un livre entier. Je ne me souviens pas en tout cas d'avoir entièrement lu un livre quand j'étais encore au lycée. Je ne lisais uniquement quelques chapitres quand je devais avoir devoir de classe et c'était tout! Mais une fois au Ghana, j'ai compris que si tu ne lis pas il te sera difficile de réussir à l'université. Les professeurs nous recommandaient toujours de lire pour plus comprendre le cours. Et c'est comme ça je me suis intéressé à la lecture et par la suite devenir un fou de livres. J'avais même mon placard rempli de livres de toutes sortes, à peine il y'avait de la place pour mes vêtements.

A vrai dire, j'ai réellement développé mon esprit d'entrepreneuriat grâce à un célèbre auteur du nom de Robert Kiyosaki. J'avais un ami informaticien qui a partagé avec moi un livre audio « *Rich Dad, Poor Dad* » de Robert Kiyosaki. Ce livre va m'ouvrir les yeux et me donner une vision de l'entrepreneuriat. Je vous conseille de le lire. Robert Kiyosaki nous montre les failles du système éducatif. Il affirme que l'école ne nous enseigne pas à devenir riche ou devenir financièrement indépendant mais plutôt à devenir des employés. La preuve Bill Gate de Microsoft, Mark Zuckerberg de Facebook, Michael Dell de Dell, Steve Job d'Apple n'ont pas pu terminer leurs études universitaires, pourtant font partir des personnes les plus riches au monde.

Robert soutient que notre société est divisée en quatre parties : les travailleurs, les travailleurs indépendants, les grandes entreprises, et les investisseurs.

GAUCHE		DROITE	
Possèdent 5% des ressources financières	**95% de la population**	**5% de la population**	**Possèdent 95% des ressources financières**
	Travailleurs	Grandes entreprises (employant plus de 500 personnes)	
	Travailleurs indépendants (docteurs, pharmaciens, avocats, etc.)	Investisseurs (propriétaires de maison, actionnaires, etc.)	

A **gauche** nous avons les travailleurs et travailleurs indépendants qui représentent **95%** de la population et à **droite** nous avons les grandes entreprises et les investisseurs qui représentent **5%** de la population. Quand ceux de la gauche travaillent et reçoivent leur salaire, ils dépensent en achetant les produits et services de ceux de la droite. Ce qui explique les 95% de ressources financières à droite et 5% de ressources financière à gauche. Ceux de la gauche travaillent pour l'argent pendant que ceux de la droite l'argent travaille pour eux.

Il nous explique aussi que les riches ne monnaient pas leur temps pour de l'argent comme le font les pauvres, mais plutôt construisent un système où l'argent travaille pour eux. Par exemple, le travailleur et le travailleur indépendant ne gagnent de l'argent que lorsqu'ils travaillent et en aucun cas ils ne seront en mesure de gagner de l'argent s'ils arrêtent de travailler. Par contre, les riches n'ont pas besoin de travailler pour se faire de l'argent, l'argent travaille plutôt pour eux grâce aux systèmes déjà mis en place. Les riches bénéficient de revenus résiduels. Exemple de revenus résiduels est pareil à celui qui fait louer sa maison à un particulier qui paie le loyer tous les mois. Ou bien quelqu'un qui écrit un livre et bénéficie des droits d'auteurs, etc.

Robert a mentionné dans plusieurs de ses livres le marketing de réseau. Il explique que toute personne ayant de la motivation, la détermination et la persévérance peut créer de la richesse et des revenus résiduels à travers un modèle d'entreprise révolutionnaire qui est conçu pour les personnes qui aiment aider les gens.

Le marketing de réseau ou publicité du bouche à oreille est devenu une des solutions fiables pour atteindre l'indépendance financière. Beaucoup sont les personnes qui ont décidé de se lancer dans le marketing de réseau. Que tu sois retraité, chômeur, étudiant, fonctionnaire, travailleur du privé, cadre ou ménagère, tout le monde y trouve son compte.

Tu n'as pas besoin de gros moyens financiers pour commencer, ni d'avoir de grands diplômes ou des compétences spéciales. En plus, cela ne prendra pas assez de ton temps, maximum 1 à 2 heures par jour. Beaucoup sont ceux qui débutent en temps partiel pendant qu'il travaille en plein temps ailleurs ; mais finissent par abandonner leur boulot pour se donner uniquement au marketing de réseau. C'est le cas du sponsor de ma mère qui a fait fortune dans le marketing de réseau, il était agent des impôts et a finalement démissionné pour se consacrer uniquement au marketing de réseau. Ce dernier touche plus de $20.000 ou environ 10 millions de FCFA par mois.

On a vu des gens changer leur condition financière en moins de 3 ans parfois une année pour certains. Le marketing de réseau leur a permis d'avoir des salaires de PDG tout en travaillant depuis le confort de leur domicile. Nous vous donnerons plus de détails sur le marketing de réseau dans les chapitres qui suivent.

6. Boulot de merde, patron de merde

« *Tin, tin, tin, tin...* » L'alarme de ton téléphone portable vient de sonner. Il est 4 heures du matin et il est temps pour toi de te réveiller et t'apprêter pour le travail. C'est le moment précis où le sommeil devient intéressant. Tu as envie de dormir un peu plus mais tu ne peux pas; C'est malgré ton propre gré que tu quittes ton lit.

Tu as peur d'être en retard au boulot à cause des embouteillages et tu ne veux pas affronter ton patron pour des explications si jamais tu es en retard. Une ou deux fois dans l'année tu peux être tolérer pour ton retard mais au-delà de cela tu vas devoir t'expliquer. Si tu n'as pas de bonnes raisons, tu peux être viré et te voilà au chômage !

Tu arrives au boulot, tout le monde a le visage serré. Tu dis bonjour aux gens, personne ne te réponds. La journée vient juste de commencer. Tu vas passer toute la journée dans cet environnement négatif et de stress et par la suite retourné à la maison au plus tard à 20 heures tout fatigué. Tu ne peux même pas passer assez de temps avec ta famille. Quand tu finis de prendre ton bain et partager la nourriture du soir, la seule chose qui te vient en tête est le sommeil. L'esprit ne répond plus, et c'est en ce moment ton épouse ou tes enfants aimeraient passer un peu plus de temps avec toi. Mais impossible, tu as toujours le stress et la fatigue du boulot dans ton corps et tu pars te coucher. Demain viendra et c'est la même routine !

Beaucoup sont ceux qui vivent cette situation au quotidien et qui n'arrivent pas à passer assez de temps avec leur famille. En plus de tous les efforts que tu fournis au travail, ton salaire n'augmente jamais et tu n'arrives même pas à joindre les deux bouts à cause de la cherté de la vie. Tu fournis beaucoup d'effort pour peu d'argent. Quel que soit tes performances, ton salaire ne change pas et c'est toujours le même montant.

Tu es devenu esclave de l'argent et tu as vendu ton âme à ton patron. Tu as perdu tout ton pouvoir, toute ta valeur d'être car désormais ton sort se trouve dans les mains de ton patron. On te traite comme « *ça fait rien* ». Et quand je pense que beaucoup vont passer plus de 30 ans de leur vie à faire carrière dans leur entreprise sans même faire l'effort de sortir de ce suicide intellectuel, ça me fait très mal au cœur. Avec le coût de la vie qui ne fait qu'augmenter, qu'est-ce que 40% de ton salaire mensuel peut faire dans ta vie ? Et c'est que les gens appellent partir à la retraite.

Comment tu peux passer plus de la moitié de ta vie à travailler pour quelqu'un qui est en train de s'enrichir pendant que tu t'appauvris. Il ne pense même pas à ton avenir et peut te mettre dehors à tout moment. Tu n'arrives pas à épargner un centime, c'est toi toujours qui es en train de louer maison des gens, rouler dans de vieilles voitures. A peine tu arrives à te faire plaisir. Tu n'as pas assez d'argent pour même aller en vacance. Tu promets à ta famille, « *un jour ça va aller !*» Mais jusqu'à présent rien ne va. C'est toujours le même discours et le temps ne fait que passer.

Beaucoup sont ceux qui se vantent de leurs diplômes. Tu sais qui je suis ? L'orgueil et la fierté les empêchent de sortir de leur zone de confort. Tu travailles comme un fou. Ta vie professionnelle a pris le dessus au détriment de ta vie sociale. Tu n'arrives même à passer le temps avec tes proches. Je connais beaucoup de cadres qui gagnent beaucoup d'argent mais ces derniers se plaignent toujours de leurs conditions de travail. J'ai fait la connaissance d'un jeune cadre ivoirien qui travaillait dans une grande banque nigériane et gagnait plus de $4.000 les mois; mais ce dernier se plaignait toujours. Il me disait : « *Frangin, je suis fatigué de ce boulot, on me paie bien mais je ne peux plus continuer dans cet environnement de stress. Je ne suis même pas capable de passer du bon temps avec ma famille. Je passe plus le temps avec mes patrons qu'avec ma propre femme. C'est moi qu'on envoie toujours en mission. Je suis devenu victime de ma propre expertise. J'ai envie de quitter cet endroit pour venir m'installer aux USA avec ma famille, Que me conseille-tu ?* ».

Ce que les gens oublient, que tu sois en Afrique ou aux Etats-unis d'une manière ou d'une autre tu viendras te retrouver ici dans les mêmes situations. Le problème n'est pas de fuir le problème pour s'installer ailleurs mais de faire face aux problèmes et prendre sa vie en charge. Comme le dit un adage américain : « *le problème n'est pas le problème mais le problème est la façon dont tu penses du problème* ».

Nous allons découvrir ensemble la solution pour sortir de cette misère et être complétement en charge de sa vie dans le prochain chapitre.

7. Le marketing de réseau

Voici le chapitre le plus important de cet ouvrage. Nous allons découvrir ensemble le marketing de réseau ou la publicité du bouche-à-oreille. Beaucoup sont ceux qui ignorent encore ce que c'est le marketing de réseau. Je vais essayer de vous expliquer ce type de marketing le plus simplement possible.

Le marketing de réseau a toujours existé, ce n'est pas quelque chose de nouveau. Beaucoup de gens ont dû au moins une fois dans leur vie à faire du marketing de réseau. Par exemple, quand tu portes une belle paire de tennis et quelqu'un te dit: « *Mais dis donc, ta chaussure est belle ! Où est ce que tu l'as acheté ?* » Tu lui dis carrément : « *je l'ai acheté chez City Sport* ». Sans même le savoir, tu viens de recommander la boutique City Sport à ton ami. La seule différence qui existe entre les boutiques normales et les boutiques qui font du marketing de réseau est que ces dernières vous paient des commissions quand vous recommandez leurs produits ou services à vos proches et connaissances, contrairement aux premiers qui ne vous donnent rien.

Aujourd'hui faire la promotion de ses produits ou services coute excessivement chère. Nous sommes tous d'accord que la publicité à la télévision, à la radio, dans les journaux, et j'en passe sont couteux. Les entreprises dépensent des millions de dollars dans la publicité sans même être capable de récupérer leur investissement, car le ciblage n'est pas assez efficace. Malgré la publicité intense, les ventes sont au ralenti.

Pourtant, l'industrie de la cocaïne qui est illégale fait deux fois plus de revenus par an que l'industrie pharmaceutique et l'industrie du pétrole, tous les deux combinées. Je n'ai jamais vu à la télévision, ni à la radio ou sur un panneau publicitaire : « *ici, on vend cocaïne !* ». Alors, comment est-ce possible que la vente de la cocaïne puisse générer de si grands revenus ? Cela est donc possible grâce à la publicité du bouche-à-oreille. Tu ne pourras acheter la cocaïne uniquement si tu connais quelqu'un qui a l'habitude de la consommer, car cette personne pourra t'orienter vers les différents lieux de ventes.

Cependant, il n'y a aucun doute sur l'efficacité de la publicité du bouche-à-oreille ou du marketing de réseau. Beaucoup sont les entreprises qui s'orientent désormais vers le marketing de réseau, car elles pensent que si leurs clients sont satisfaits de leurs produits ou services, ils n'hésiteront pas à partager les bienfaits avec leur proche. Et ce qui est intéressant dans cette histoire, vous gagnez des commissions à chaque fois vous recommander les produits ou services de ces entreprises à vos amis et proches.

On a vu des personnes fauchées et surendettées qui ont changé leur style de vie avec le marketing de réseau. Même des cadres de société, des docteurs, des avocats et j'en passe qui ont dû laisser leur job pour se consacrer uniquement au marketing de réseau. C'est une des rares professions à t'offrir à la fois l'argent et le temps.

Beaucoup de jeunes travailleurs ont l'argent mais n'ont pas le temps pour se faire plaisir, car le travail professionnel est épuisant. Ceux qui ont le temps le plus souvent sont les vieillards, les retraités ou les femmes au foyer mais malheureusement ces personnes n'ont pas beaucoup d'argent.

Le marketing de réseau m'a permis d'être financièrement indépendant en moins de deux ans. Je pouvais même me passer de mon salaire de fonctionnaire car je touchais 3 fois plus d'argent que mon salaire mensuel. Je gagnais plus que mes patrons au travail. Ce qui faisait que j'étais toujours heureux au travail. Les gens se demandaient : « *mais qu'est-ce qu'il y a de si excitant dans le travail que tu fais et puis tu es si heureux comme ça* ». Je me souviens d'un de mes patrons qui me disait : « *je te conseille de faire carrière dans mon domaine car tu peux facilement te faire les 10.000 dollars le mois* ». Dans mon cœur, je riais doucement. Et je disais à l'intérieur de moi : « *Cette dame ne sait pas ce qu'elle dit ; si elle savait que je gagnais plus d'argent qu'elle, elle n'aurait pas eu le courage de venir se vanter devant moi. S'il me faut passer 18 ans de service en train de travailler dur pour devenir patron comme toi. En tout cas merci ! Je préfère mon marketing de réseau*». Et je peux vous rassurer que cela ne m'as pas pris beaucoup de mon temps. Car je travaillais en plein temps et faisait ce business de côté en temps partiel. Ne serais que 2 à 3 heures par jour au maximum. Tu dois t'arranger à parler de ton opportunité au moins à deux personnes par jour. Si tu le fais de façon constante, tu vas agrandir ton équipe de façon exponentielle. Car c'est un business de duplication.

Par exemple si tu partages l'opportunité à 3 personnes qui font de même avec leur entourage, et ainsi de suite tu vas te retrouver avec de nombreuses personnes dans ton équipe :

1ère génération : tu inscris 3 personnes   3

2ème génération : les 3 autres inscrivent 3, tu as 3 x 3 =   9

3ème génération : toujours la même chose, tu as 9 x 3 =   27

4ème génération : toujours la même chose, tu as 27 x 3 =   <u>81</u>

Cela te donne un total de   120

Comme on peut le voir après avoir partagé l'opportunité avec seulement 3 personnes tu as pu te retrouver avec 120 personnes dans ton équipe. Imagine si tu dois toucher des commissions sur chacune de ses personnes, c'est beaucoup d'argent que tu gagnes. Voilà pourquoi sur le long terme, ton équipe ne fait que s'agrandir et te voilà millionnaire !

C'est le même principe de duplication que les géants du marketing de réseau, Don et Nancy Failla ont su appliquer pour avoir plus de 800 000 personnes dans leur équipe.

Ce couple américain qui a débuté avec rien de tout, a pu se faire une place au soleil grâce au marketing de réseau et parcourir le monde entier.

Ce qui est très intéressant dans le marketing de réseau est son coût abordable pour commencer. Tu n'as pas besoin de beaucoup d'argent pour commencer, ni d'embaucher des employés dans ton entreprise, ni d'avoir un talent spécial. Le système est déjà mis en place pour t'aider à réussir. Cependant tout le monde peut avoir sa propre entreprise et travailler depuis le confort de son domicile. Tu peux passer plus le temps avec ta famille et voir tes enfants grandir à coté de toi. En plus de cela, tu travailles à ton propre compte. Avoir sa propre entreprise offre plusieurs avantages. Tu peux travailler quand tu veux, où tu veux, et avec qui tu veux. Tu n'as pas de compte à rendre à qui que ce soit. Tu es ton propre patron et est totalement au control de ta vie. Comme on le dit en français de moussa : « *tu vis ta vie quoi !*». C'est cette indépendance et ce vaste choix d'options qui poussent des milliers de personnes à choisir cette voie. En tout cas je ne sais pas ce que tu es venu chercher ici aux Etats-Unis, mais une chose est sûre je ne suis pas venu ici pour regarder la statue de la liberté. C'est l'argent je suis venu chercher ici.

Depuis l'âge de 15 ans j'ai toujours souhaité être indépendant et devenir un jour mon propre patron. Ceux qui me connaissent savent que je n'ai jamais aimé recevoir des ordres de qui que ce soit. J'ai grandi dans une famille d'éducateurs, mon père était comptable au ministère de l'éducation nationale et ma mère enseignante dans le primaire. Mon père que j'admire beaucoup est quelqu'un de très stricte et rigoureux dans le travail. Comme on le dit c'est un «*one man show*». Ce qu'il dit est ce que tu fais ! Pour éviter donc d'avoir des histoires avec lui, il me fallait prendre au sérieux mes études. Donc je m'arrangeais à être un bon enfant à la maison. Je peux faire mes conneries dehors mais à la maison, je devais me comporter en bon garçon.

Par ailleurs, j'ai appris avec ma mère le sens de l'entraide et de la générosité. C'est une femme battante, qui est toujours prête à te soutenir quel que soit le problème. Elle nous disait toujours : « *Mes enfants vous êtes la raison de ma vie. Quelques soit les difficultés de mon foyer, je ne vous abandonnerai jamais* ». Ma mère a toujours cru en moi et a toujours été là pour moi. Je ne cesserai de rendre gloire à Dieu pour le don de cette mère.

Donc, comme on peut le constater j'ai grandi dans une famille d'éducateurs, c'est ce qui va d'ailleurs m'influencer a choisi pour carrière le domaine de l'enseignement. Je pense particulièrement que le travail d'enseignant est un travail noble, car tu partages tes connaissances aux autres. Et c'est pareil avec le marketing de réseau car tu aides les gens à devenir financièrement indépendant.

J'ai eu beaucoup de chance de découvrir le marketing de réseau pour la première fois par le biais de ma mère. Elle m'a invité à rejoindre son équipe pour faire la promotion des produits d'une société américaine. En tant que novice dans le business, je ne savais pas réellement quoi faire. Et avec la distance qu'il y avait entre nous, je n'ai pas pu vraiment me lancer à fond. Elle vivait en Côte d'ivoire et moi ici aux Etats-Unis. Le plus souvent, les membres d'une équipe se rencontrent chaque semaine pour des séminaires de formation en vue d'aider les gens à s'impliquer davantage dans le business. J'étais en quelque sorte livré à moi-même, sans encadrement.

J'ai dû apprendre le marketing de réseau de façon difficile. Dans mes débuts, je me suis cogné la tête à plusieurs reprises. Les personnes à qui je présentais l'opportunité se fichaient pas mal de ce que je faisais, car beaucoup n'ont pas cette mentalité de l'entrepreneuriat. Mais j'étais beaucoup déterminé, et je voulais à tout prix réussir.

J'ai participé à plusieurs différentes opportunités mais sans vraiment avoir du succès. Au début quand tu commences, tu es tellement excité et content que n'importe qui tu vois, tu sautes sur lui en même temps. Tu te dis : « *Wow ! Je vais devenir riche. Si je dois simplement partager l'opportunité aux gens pour gagner des commissions. C'est trop facile ça !* » Oui, ça semble facile mais dans la pratique, c'est toute autre chose surtout quand tu n'as pas de connaissance sur ce qu'est le marketing de réseau. Tu vas devoir recevoir tes premières rejections de tes proches et connaissances. Je me souviens que ma femme se plaignait au début car elle ne comprenait rien dans ce que je faisais mais au fil du temps à finir par comprendre.

Tu appelles tes amis et tu leur dit : « *Hey!, je viens de découvrir une opportunité en or où on peut gagner beaucoup d'argent. Ça t'intéressait de te joindre à moi ?*». D'autres te diront «*Oui !* », mais la majorité te diront

«*Non !* » sous prétexte qu'ils n'ont pas assez de temps. D'autres vont trouver que c'est une arnaque, car il est impossible pour eux de se faire des millions du jour au lendemain.

Une des excuses les plus fréquentes avec nos frères et sœurs africains : « *Je suis intéressé mais laisse-moi en parler aux gens avant de commencer*». Comment tu peux en parler aux gens si toi-même tu n'utilises pas les produits, c'est l'analogie de quelqu'un qui veut t'expliquer un film pendant qu'il ne l'a jamais regardé lui-même. On n'attend pas d'avoir des clients avant d'ouvrir une boutique. Tu ne vas pas attendre d'avoir clients de savons ou de bouteille d'huile avant d'ouvrir ta boutique. Je pense bien que tu vas devoir ouvrir ta boutique dans un premier temps avant d'inviter les gens à venir faire leurs achats. Dans le marketing de réseau, il est important de s'inscrire et utiliser le produit avant d'en parler aux gens. Ton sponsor doit être en mesure de t'aider à inscrire tes premiers clients.

Beaucoup de personne vont se moquer de toi en te traitant de tous les noms. D'autres te promettrons d'assister à ta présentation et ne viendront pas. Tu vas courir après les gens, mais peu voudront s'engager avec toi. Voilà pourquoi il est important de se documenter et de s'informer sur le marketing de réseau et savoir comment aborder les gens afin de réussir.

D'autres vont rejoindre ton équipe mais par la suite vont t'abandonner juste parce que l'argent ne rentre pas comme ils le souhaitent. Ils vont trouver des excuses pour ne pas continuer. D'autres te diront cette opportunité n'est pas la bonne, et qu'ils viennent de découvrir une autre où tu peux gagner de l'argent rapidement. Sachez que l'argent en vitesse n'existe pas!, pour réussir dans ce business il est important de rester attacher à une seule opportunité. Car le principe du marketing de réseau est la duplication, tout ce que tu fais comme action est exactement la même chose que ferons ceux que tu as fait entrer dans le business. Donc il faut éviter d'être disperser et courir de gauche à droite, ou d'opportunité en opportunité.

Beaucoup ignorent que dans toute chose, il faut avoir les fondamentaux avant de réussir. Pour être docteur, il faut faire l'école de médecine, pour être plombier tu dois nécessairement apprendre avec un plombier. C'est également la même chose, pour réussir dans le marketing de réseau tu as besoin de t'éduquer. Participer à des séminaires de formation, lire des livres de développement personnel et si possible de communication, prendre conseils auprès de ton sponsor, etc.

Une chose marrante tu vas constater est que, les gens acceptent de passer 4 ans d'études supérieures afin d'obtenir une maitrise sans même percevoir un sous de qui que ce soit pendant qu'ils étudient et ces derniers veulent commencer le marketing de réseau et à l' instant même devenir riche. Ça ne marche pas comme ça ! Tu vas devoir acheter des documents et livres pour apprendre comment ça fonctionne. Une chose est sûre, si tu arrives à suivre les conseils de ceux qui ont réussi dans ce business tu arriveras un jour à devenir financièrement indépendant. On ne conduit pas une voiture en un seul jour. Tu vas devoir aller à l'auto-école pour apprendre à conduire. Je ne pense pas que tu souhaiterais prêter ta nouvelle voiture à quelqu'un qui ne sait pas conduire. Je pense que tu vas devoir l'enseigner la conduite avant de lui laisser conduire ta Ferrari.

Le succès n'est pas une destination mais plutôt un voyage. Un voyage où tu découvriras beaucoup de choses intéressantes comme non intéressantes. C'est ta responsabilité de te développer personnellement afin de réaliser tes rêves. Pour que les gens te suivent et te fassent confiance tu dois adopter un comportement de leader. Tu dois montrer absolument l'exemple et être toi-même motivé. Car si tu n'aies pas motivé sur le produit que tu représentes ou bien ne montre aucun enthousiasme personne n'acceptera de te suivre. Tu dois savoir que tu es quelqu'un de spécial et qu'il y a quelques choses de grand dans ton for intérieur. Tu ne dois pas te laisser décourager par qui que ce soit, tu dois rester focaliser sur tes objectifs et ne jamais abandonner à moins que tu arrives à te faire ton premier million de dollar. C'est ce mental de fer qui t'aidera à réussir dans ce type de business.

C'est le seul travail au monde où tu peux choisir le salaire que tu mérites. Si tu penses que ce que tu gagnes n'est pas suffisant tu peux toi-même te faire des augmentations de salaires. En tout cas, c'est le moyen sûr de pouvoir partir à la retraite en moins de 5 ans et devenir financièrement indépendant plutôt que de passer toute ta vie à travailler dur pour enrichir quelqu'un d'autre.

Beaucoup sont ceux qui sont devenus des millionnaires en dollar dans ce business et sont arrivés à prendre en charge toute une génération. **Tu travailles à ton propre compte mais pas tout seul**. Nous sommes dans un business d'entraide où tu es toujours prêt à aider ton prochain à sortir de ce suicide intellectuel. Quand tu comprends ce business rien ne peut t'arrêter. Tu as une ouverture d'esprit qui est si grande que tu refuses de rester là sans partager l'opportunité aux autres, car tu vois en eux la souffrance qu'ils vivent dans leur quotidien. C'est un devoir pour toi de venir en aide à ceux qui n'ont pas encore compris qu'il existe une opportunité qui peut changer le cours de leur vie.

En tant qu'originaire d'Afrique francophone, c'est un devoir pour moi de venir en aide à mes frères et sœurs africains afin de les aider à sortir de cette misère. J'ai pu réaliser mes rêves grâce à mes connaissances de l'anglais et la seule chose que je peux vous offrir en retour est Anglonetwork.

8. Réaliser ses rêves avec l'anglais américain

Nous comprenons combien de fois il est frustrant d'apprendre une nouvelle langue. C'est la raison pour laquelle nous avons créé la plus grande plate-forme d'apprentissage en ligne de l'anglais pour les francophones où vous pouvez parler couramment l'anglais et atteindre une indépendance financière. Nous voulons que vous soyez capable de parler anglais sans difficultés. Notre plate-forme d'apprentissage de l'anglais vous offre les meilleurs outils pour améliorer votre écoute et votre expression orale.

Le secret pour bien parler une langue est d'écouter les autres quand ils parlent et de faire pareillement. C'est la même méthode que les enfants utilisent pour parler une langue depuis leur bas âge. A force d'écouter leur parent parler, ils sont en mesure de parler aussi. Donc ne vient pas me dire combien de temps il me faudra pour bien parler anglais. Il n'y a pas de temps exact en tant que telle car chacun de nous apprend différemment, certains commencent à parler vite par contre d'autres prennent un peu plus de temps. La seule façon de maintenir son anglais est de parler, parler, et parler. Il sera très difficile pour toi de maintenir ton anglais tant que tu vivras dans un pays francophone. Voilà pourquoi on a créé cet environnement pour que tu puisses parler anglais constamment. Désormais, il est possible de parler anglais avec des américains depuis le confort de ton domicile. Tu n'as pas besoin de te rendre aux Etats-Unis. Sache que si tu n'utilises pas ton anglais au quotidien tu le perds, voilà pourquoi on parle de langue vivante. Tu dois l'utiliser au quotidien.

Anglonetwork veut vous aider à réaliser vos rêves. Chaque jour, beaucoup de gens comme vous sont en train de changer leur vie et la vie des autres par le potentiel illimité d'Anglonetwork. Nous comprenons la puissance de la publicité du bouche-à-oreilles. Nous savons que lorsque vous êtes satisfait de nos produits, vous êtes susceptibles de les recommander à votre famille ou vos amis. Et nous voulons que vous sachiez que nous vous payons instantanément pour votre travail acharné.

Anglonetwork est votre solution pour atteindre le succès avec une combinaison simple, réaliste, abordable et lucratif d'outils d'apprentissage en ligne de l'anglais et un plan de rémunération unique.

Construire, apprendre tout en gagnant 60% de commission et des revenus résiduels illimités. Le potentiel est énorme!

Anglonetwork est la méga plateforme d'apprentissage de l'anglais pour les francophones. Il est désormais possible d'apprendre anglais avec des américains depuis le confort de votre domicile. Vous avez deux produits au choix: l'anglais général ou l'anglais pour les professionnels.

L'anglais général est un webinaire (séminaire en ligne) organisé tous les samedis dont l'objectif est de vous aider à améliorer votre écoute et votre parler dans un environnement amusant. Ce cours collectif est conçu pour ceux qui souhaitent apprendre anglais avec les autres et se compose de 8 rubriques:

1. Say your goal
2. The Anglonet's creed
3. About America
4. Picabulary
5. Phrasy show
6. Rap the alphabet
7. Hangman
8. Debate

Par contre l'anglais pour les professionnels répond aux besoins de ceux qui veulent apprendre individuellement l'anglais avec un personal conversation coach.

En plus des cours d'anglais, Anglonetwork vous offre la possibilité de gagner beaucoup d'argent avec son plan de rémunération révolutionnaire. Notre plan de rémunération est le moyen le plus sûr, rapide et simple pour gagner de l'argent aujourd'hui.

PLAN DE REMUNERATION

Le marketing de réseau vous permet de travailler à votre propre compte mais pas tout seul. Vous aurez besoin de la participation des autres pour réussir dans ce business. Dans le marketing de réseau, tout le monde a un sponsor. Votre sponsor est la personne qui vous a parlé pour la première fois de l'opportunité Anglonetwork. Cela peut être un ami, une connaissance, un proche, ou quelqu'un que vous avez rencontré par le biais d'un ami, etc. Ce dernier va vous aider à vous inscrire en vous donnons son lien personnel d'affiliation ou son nom d'utilisateur.

Il est important de savoir que le lien personnel d'affiliation ou nom d'utilisateur du sponsor est ce qui nous permet de savoir « qui a recommandé qui ? » à Anglonetwork et par la suite nous permettre de redistribuer les commissions aux ayants droit. Sans ces informations il vous sera impossible de vous inscrire. Une fois que vous êtes inscrit sur Anglonetwork, votre sponsor pourra percevoir ses commissions.

Si vous vous rappelez bien, nous avons mentionné plus haut que les riches ne monnaient pas leur temps pour de l'argent mais plutôt établissent un système qui leur permet de se faire de l'argent. Nous allons découvrir ensemble comment l'argent peut travailler pour vous.

Anglonetwork a un des plans de rémunération les plus révolutionnaires au monde. Ce plan est appelé le système de l'even up. Le système de l'even up est très simple et est basé sur le principe de la duplication. Dans le système de l'even up toutes les personnes paires (c.à.d. votre $2^{\text{ème}}$ client, $4^{\text{ème}}$ client, $6^{\text{ème}}$ client, $8^{\text{ème}}$ client, $10^{\text{ème}}$ client …jusqu'à l'infini) que vous recommandez à Anglonetwork passent directement à votre sponsor sur votre première génération. Par contre les personnes impaires (c.à.d. votre 1er client, $3^{\text{ème}}$ client, $5^{\text{ème}}$ client, $7^{\text{ème}}$ client, $9^{\text{ème}}$ client …jusqu'à l'infini) que vous recommandez à Anglonetwork vous appartiennent sur votre première génération. On entend par première génération, les personnes que vous avez-vous-même recommandées à Anglonetwork sans l'aide de quelqu'un.

Cependant, beaucoup diront que « *mais mon sponsor récupère la moitié de ma clientèle* ». En effet, c'est ce qui fait la beauté de notre système surtout quand vous devenez vous-même sponsor. Tous vos clients impairs ou fixes vous passeront tous leurs clients pairs jusqu'à l'infini. Et ce n'est pas tout. Tous les clients pairs que vous allez recevoir de vos clients impairs vous passeront également leurs pairs jusqu'à l'infini. Et ainsi de suite… Les commissions sont illimitées.

LE POUVOIR DE SIX
Comment gagner un revenu mensuel de $16.380 ou environ 8 millions de franc CFA en seulement 6 mois avec Anglonetwork?

Supposons que vous recommandez 6 personnes en un mois à Anglonetwork pour l'achat du produit *«anglais général»* qui coute $25 le mois. En appliquant le système de l'even up. Votre client 2, client 4, et client 6 passent à votre sponsor et vous gardez votre client 1, client 3, et client 5. Ce qui revient à 3 personnes pour ton sponsor et 3 personnes pour toi. Chaque membre de ton équipe fait pareillement. A la fin de 6 mois tu obtiendras un total de 1092 personnes dans ton organisation:

Ton 1er mois, vous obtenez		3
Ton 2e mois, vous obtenez	(3x3)	9
Ton 3e mois, vous obtenez	(9x3)	27
Ton 4e mois, vous obtenez	(27x3)	81
Ton 5e mois, vous obtenez	(81x3)	243
Ton 6e mois, vous obtenez	(243x3)	<u>729</u>

TOTAL 1092 Personnes

1092 x \$15(60% de \$25 d'Anglais général) = \$16,380.00
de revenu mensuel

Comme on peut le constater chaque personne de ton équipe ou organisation ne devait que recommander 6 personnes en un seul mois. Et tu gagnes à chaque fois 3 nouvelles personnes par mois. Avec ce système, le nombre de personnes dans ton équipe ne fera que s'accroitre. Tout l'effort fourni était seulement de recommander 6 personnes et le tour est joué ! C'est ce que nous appelons le pouvoir de 6. Avec 6 personnes tu peux changer complètement ta vie !

9. Conclusion

Nous voilà à la fin de cet ouvrage. Désormais la balle se trouve dans ton camp. Tu n'as plus d'excuses maintenant pour pouvoir réaliser tes rêves avec l'anglais américain. Tu es en possession de tous les outils nécessaires pour réussir dans l'entrepreneuriat avec Anglonetwork. Tu es libre de partager l'opportunité aux autres ou bien t'asseoir et rien faire. Mais sache qu'avec cette crise économique tu ne pourras pas trouver mieux ailleurs. Par contre si tu décides de te lancer dans cette nouvelle opportunité, tu peux être sûr que tu te trouves au bon endroit !

Pour changer ta vie, tu dois être capable d'adopter de nouvelles habitudes, tu dois décider de prendre en charge ton destin et foncer. Comme le dit Robert Kiyosaki, les riches deviennent riches parce qu'ils achètent des actifs (un actif est tout ce qui te permet de faire entrer de l'argent dans ta poche, par exemple une maison que tu mets en location, te rapporte de l'argent.) et les pauvres sont pauvres parce qu'ils achètent des passifs (un passif est tout ce qui fait sortir l'argent de ta poche, par exemple ta propre voiture, tu dépenses l'argent pour l'essence et son entretien). Dans un premier temps, les riches préfèrent retarder de se faire plaisir en investissant dans les actifs et utilisent l'argent de ces actifs pour acheter plus tard des passifs (maisons, voitures de luxe, divertissement, vêtements, bijoux, etc.). Par contre les pauvres dès qu'ils ont de l'argent dépensent tout cet argent dans l'achat des passifs pour impressionner leur entourage en se faisant passer pour des riches. Voilà pourquoi sur le long terme, les riches deviennent riches et les pauvres deviennent pauvres.

En vous inscrivant sur Anglonetwork, vous adopter les habitudes des riches. C'est comme si vous avez acheté un actif. Vous construisez votre entreprise petit-à-petit et vous voilà devenu millionnaire.

Nous avons conçu Anglonetwork en ayant en tête nos frères et sœurs africains. Pour cela toutes les commissions sont payées dans les 24 heures via MoneyGram. Nous avons constaté que le système financier en Afrique n'est pas encore très développé pour l'africain moyen d'être en possession de compte bancaire et de carte de crédit. Il est également possible de s'inscrire sur Anglonetwork via MoneyGram. Visitez nous sur : http://www.anglonetwork.com/moneygram/

En plus de cela, vous pouvez assister à nos séminaires d'information tous les samedis à 15h00 GMT sur www.anglonetwork.com/event

Beaucoup ne réussissent pas dans la vie simplement à cause de leur mentalité. On vit dans un monde très négatif, beaucoup sont ceux qui doutent encore et qui ne crois pas en eux-mêmes.

La raison de ton échec dans la vie est causée 99% par ta manière de penser. Plus tu penses négativement plus tu t'attires les choses et les personnes négatives. Pour pouvoir avancer dans la vie, il faut faire attention à tes pensées et aux personnes que tu côtoie tous les jours.

Anglonetwork veut t'offrir un environnement positif où il est possible pour toi de réaliser tes rêves. C'est un plaisir pour moi de t'inviter à nous rejoindre et de faire partir de la famille Anglonetwork. En tant que membre d'Anglonetwork ou Anglonet, tu seras capable de diffuser comme les autres le message de la langue et de l'indépendance financière à travers le globe.

Avec notre aide, hommes et femmes comme vous, sont en train d'éliminer leur dette, investir pour l'avenir, quitter leur emploi et devenir des entrepreneurs prospères. Anglonetwork a été fondé pour les gens qui veulent réaliser leurs rêves. Nous recherchons des hommes et des femmes qui sont fatigués du système et qui en ont marre d'être moyen et ordinaire. Nous cherchons des gens qui veulent faire quelque chose de spécial dans leur vie et sont prêts à travailler pour y arriver.

Anglonetwork vous permet de créer la vie dont vous rêvez pour vous et vos proches en leur offrant une opportunité d'affaires qui vous paie ce que vous valez. En tant qu'affilié Anglonetwork, vous serez bien payé; vous serez payé tous les jours; et vous serez payé infiniment! C'est ce que signifie faire partie du style de vie Anglonetwork ! Nous croyons que c'est maintenant le temps de prendre le contrôle de votre propre destin et passer à l'action. Investir sur vous-même et vos proches, c'est le plus sûr investissement que vous pouvez faire, et nous sommes ici pour rendre cela possible. Et nous sommes impatients de vous voir intégrer ce phénomène! Jamais plus vous serez en mesure de dire que vous n'avez jamais eu la chance de faire quelque chose de spécial dans votre vie!

Retournez chez la personne qui vous a présenté l'opportunité Anglonetwork. Demandez son nom d'utilisateur (USERNAME) et Inscrivez-vous aujourd'hui!

10. Bonus - Citations d'inspiration

1. *"I will stop loving money when you stop being a liability to me."*

2. *"You can make me change my direction, but you can never stop me reaching my goals."*

3. *"You are the result of your own thoughts. If you see yourself as a winner you will be one, if you see yourself as a loser, you will also be one."*

4. *"I am grateful to Dream killers. The more they say you won't make it, the more I prove them wrong."*

5. *"I don't know about you, but I was born to succeed."*

6. *"If you think I am a bad person why don't you leave me alone?"*

7. *"I am so grateful for having you in my life. But I won't be sorry to lose you for the accomplishment of my dreams."*

8. *"If you can't support me in reaching my dreams, I am ok with that. But don't be an obstacle."*

9. *"Feel free to be yourself. We can disagree and be friend."*

10. *"You don't get a degree in a day, why you want success in a day."*

11. *"Know what you want and you will get what you want."*

12. *"How do you want people to trust you when you don't trust yourself?"*

13. *"People will love you for a smile. Don't let anybody steal that from you."*

14. *"If you cannot make yourself happy, no one will."*

15. *"God gave you the responsibility of your own life. Take good care of that."*

16. *"You can't be a millionaire if you don't see yourself as one."*

17. *"Whatever you have now, use it until you get what you want."*

18. *"Grateful people easily succeed in life."*

19. *"People are still broke because they like it."*

20. *"Hard work, self-discipline, and attitude will make you indispensable."*

21. *"If you can do whatever most people refuse to do, you will never be unemployed."*

22. *"Being positive is to refuse to be the prisoner of your negative thoughts."*

23. *"You don't run away from your problems. You solve them."*

24. *"The best deal you can offer to someone is to make your anger expensive and your smile free."*

25. *"Be friend with the one who can destroy you and you will have no enemy."*

26. *"Be grateful for everything that happen in your life, and treat it as a blessing."*

27. *"In your relationship with people, always go for peace and love."*

28. *"Never give up on being kind to others and you will always find a way when there is no way."*

29. *"Enjoy spending time with your kids, give them love and be present in their life."*

30. *"You become successful in life when you help others with the talent god gave you."*

31. *"Before it becomes alright, you need to believe that it's already alright."*

32. *"Happiness start from inside. If you can change what is inside, you can change what is outside."*

33. *"Always choose humility over self-pride. Self-pride will never pay your bill."*

34. *"No one can achieve your dream better than you."*

35. *"If you can't get peace inside, you will never get it outside."*

36. *"Keep yourself busy and don't allow negativity or worry rent a space in your mind. Always be positive."*

37. *"Don't let past mistakes define you but learn from them."*

38. *"Why focus on the past when there is a lot to do forward."*

39. *"Most people don't change because they want to be prisoner of their past."*

40. *"Why not free yourself from the past and stop talking about it, there is much to do forward."*

41. *"People are so focused about the past that they can't grow. Growth doesn't come to people who are stuck with the past."*

42. *"People don't understand you because you think big. They will laugh at you, they will belittle you, and they will hate you. But don't give up."*

43. *"Don't expect success to visit you if you are not ready to go out and bring it home."*

44. *"You are not defined by what happen to you but how you respond to what happen to you."*

45. *"Someone's opinion about you doesn't increase or diminish your worth."*

46. *"Doubt is bitterer than failure."*

47. *"There will always be a difference between people who read more books and people who watch more TV. The former will grow and the latter will remain the same."*

48. *"I only ask you to love me for who I am and not for who you want me to be."*

49. *"If the journey was easy, everyone would have been rich, skinny, and happy."*

50. *"The more mistakes you make the more you become proficient. Don't be scare of making mistakes. It's part of the learning process."*

51. *"If a bird can leave his net with an empty stomach and come back home stomach full. Therefore you don't have any excuses."*

52. *"Rich people buy assets, and poor people buy liabilities"*

www.ingramcontent.com/pod-product-compliance
Lightning Source LLC
Chambersburg PA
CBHW070949180526
45168CB00003B/1187